ORAISON FUNÈBRE

DE

M. JEAN-JOSEPH ALLEMAND

FONDATEUR DE L'ŒUVRE DE LA JEUNESSE DE MARSEILLE

(1772-1836)

PRONONCÉE

Le 25 novembre 1868, dans la Cathédrale de Marseille,

A l'occasion de la Translation de ses restes mortels, du cimetière Saint-Charles, dans la chapelle de son Œuvre,

PAR M. L'ABBÉ GADUEL,

CHANOINE ET VICAIRE GÉNÉRAL D'ORLÉANS,

Ancien disciple de M. Allemand.

MARSEILLE
VEUVE CHAUFFARD, LIBRAIRE
RUE DES FEUILLANTS, 20

1868

Reproduction réservée.

ORLÉANS, IMPRIMERIE DE GEORGES JACOB, CLOITRE SAINT-ÉTIENNE, 4.

ORAISON FUNÈBRE

DE

M. JEAN-JOSEPH ALLEMAND

Qui se humiliat exaltabitur.
(Matth., xiii, 12.)

Monseigneur,
Messieurs,

« Celui qui s'humilie sera exalté, » dit le Sauveur, nous révélant, dans cette brève et simple parole, une des plus profondes lois de l'ordre surnaturel. Et, quand Dieu veut se créer des auxiliaires pour les plus grandes œuvres de sa grâce, il choisit, nous dit saint Paul, et destine de préférence à ce sublime honneur ce qui paraît « faible, et méprisable, et comme nul aux yeux du monde, » *infirma mundi, et contemptibilia mundi, et ea quæ non sunt,* afin que la puissance du divin ouvrier paraisse avec d'autant plus d'éclat que ses instruments sont plus infirmes, et qu'ainsi « nulle créature n'ait sujet de se glorifier devant lui, » *ut non glorietur omnis caro in conspectu ejus* (1). »

(1) I. Cor., i, 28.

Vous avez, Messieurs, devant les yeux, de cette loi et de ce procédé divin, un bien frappant exemple! Quel est donc cet homme que l'illustre Église de Marseille acclame comme un des plus saints prêtres et des plus féconds ouvriers évangéliques qu'elle ait jamais eus; cet homme dont le nom a pris place parmi ceux des plus signalés bienfaiteurs de la cité; dont la mort, vous vous en souvenez, fut un deuil public; dont les obsèques ressemblèrent à une ovation, plutôt qu'à une cérémonie funèbre, et duquel on ne peut encore aujourd'hui, après tant d'années, remuer la cendre, sans qu'aussitôt des multitudes accourent, et des milliers de voix s'élèvent, pour décerner à sa mémoire vénérée de nouveaux honneurs?

Chose étonnante! celui auquel s'adressent des hommages publics si extraordinaires est un homme qui ne s'étudia toute sa vie qu'à se cacher, et qui mit à se faire oublier, et à demeurer, autant qu'il était en lui, « inconnu et compté pour rien » plus d'ambition que n'en eurent jamais les plus orgueilleux pour conquérir la gloire, la renommée et les grandes places : homme d'une naissance obscure, sans talents brillants et sans grande science, si ce n'est la science sublime de la croix, où il excella; d'une apparence, d'ailleurs, si médiocre et si chétive, qu'elle eût même semblé méprisable, si la sainteté n'y eût imprimé en traits profonds son plus vif cachet; jamais orné d'aucune dignité dans l'Église; captif volontaire dans une OEuvre, admirable, il est vrai, mais humble et cachée comme sa personne; se dévouant là, tout entier, trente-sept ans, à la sanctification de la jeunesse; mort à la peine, enfin, sous le poids des travaux plus que des années, dans ce difficile et obscur emploi. Tel fut, Monseigneur et Messieurs, celui que vous environnez en ce moment de tant de respects.

Mais cet homme qui toute sa vie s'humilia, Dieu, pour cela même, se plut, et se plaît aujourd'hui plus que jamais, à l'exalter magnifiquement : il lui a fait une gloire semblable à celle des saints, *similem illum fecit Deus in gloria sanctorum* (1); il l'a comblé avec profusion de tous les dons les plus riches et les plus rares de sa grâce ; il lui a donné sur les âmes et sur les volontés, même les plus difficiles à plier et les plus rebelles, un empire vraiment merveilleux ; il l'a rendu puissamment fécond pour engendrer des chrétiens à l'Église en nombre infini; il l'a fait le fondateur béni d'une Œuvre de Jeunesse que toute la France, ô Marseille, vous envie ! si sagement et si solidement établie, qu'elle semble pour ainsi dire défier le temps. Non seulement il a été le fondateur de cette belle Œuvre, mais il est devenu le père, même après sa mort, de tant d'autres œuvres semblables, qui se sont formées sous l'inspiration de son idée et d'après le modèle donné par lui. Que dirai-je encore ? Le Seigneur a fait resplendir autour de son nom, ce nom si peu connu pendant qu'il vivait, un éclat de sainte renommée qui le rend célèbre, de plus en plus, dans toute la France et vénérable à l'Église. Voilà comment Dieu, infiniment libéral en ses récompenses, se plaît à exalter, par-dessus tous les autres, les plus humbles de ses grands serviteurs; vérifiant ainsi l'infaillible promesse de son Fils : *Qui se humiliat exaltabitur.*

C'est ce que j'espère, Monseigneur et Messieurs, vous montrer dans ce discours sur la vie de messire Jean-

---

(1) Eccli., XLV, 2.

Joseph Allemand, prêtre du Sacré-Cœur de Jésus, fondateur de l'Œuvre de la Jeunesse de Marseille. Vous y verrez comment la divine Providence le prépara à cette haute vocation ; puis, ses grands travaux, les merveilleux succès de son ministère et ses éminentes vertus : et, partout, vous aurez lieu d'admirer sa très-profonde humilité, le conduisant à cette gloire singulière, dont vous êtes témoins, et qui vient non pas du monde, mais de Dieu.

Je remercie Votre Grandeur, Monseigneur, de l'honneur qu'elle a bien voulu me faire en m'appelant, dans une si solennelle circonstance, à prononcer devant Elle, et devant ce vénérable et nombreux clergé et ce grand auditoire, l'éloge d'un prêtre à qui je dois tout, comme tant d'autres Marseillais, puisque c'est lui qui nous apprit à connaître, aimer et servir Dieu, ce que l'Écriture appelle tout l'homme ; et je m'applaudis d'avoir à remplir cette tâche, si douce à mon cœur, en présence d'un Évêque plein de vénération pour M. Allemand, et d'autant plus sympathique à son Œuvre, que Lui-même a consacré à la culture du jeune âge de nombreuses années de sa vie, avec une sagesse, une piété et un zèle dont Orléans et Paris conserveront longtemps le souvenir.

I.

Qui de vous n'a souvent admiré, Messieurs, dans cette longue suite des siècles chrétiens, comment la vigilante attention de la Providence sut toujours disposer d'avance pour l'Église, cette immortelle Épouse du Fils de Dieu, tous les secours dont elle a besoin, pour sortir victorieuse des luttes que ne cesse de lui livrer l'esprit du mal? C'est ainsi, pour parler seulement de notre pays et des derniers temps, que, dans la seconde moitié du XVIIIe siècle, et aux approches de cette effroyable tempête où la religion, parmi nous, fut menacée d'une ruine entière, Dieu — chose admirable et très-remarquée — prit soin de susciter en France, dans tous nos diocèses, et de préparer par une abondance de grâces inaccoutumée, des hommes de sa droite, des prêtres véritablement selon son cœur, forts caractères, pleins de foi et de vigueur sacerdotale, tout brûlants de zèle, infatigables au travail, dévoués jusqu'à l'héroïsme de l'immolation, et qui devaient, fidèles à leur destinée providentielle, devenir, après tous nos désastres, les principaux ouvriers de la restauration religieuse. Marseille a connu plusieurs de ces hommes, dont les noms sont encore en vénération : les Ripert, les Dandrade, les Bonnafoux, et tant d'autres que je ne puis ici vous nommer. M. Allemand devait être du nombre de ces grands ouvriers évangéliques, et, je ne crains pas de le dire, surpasser tous les autres, par l'obscure, mais féconde puissance de ses travaux sur la jeunesse, cet âge qui porte en lui l'avenir. Dieu l'y disposa de loin par les dons infus des vertus les plus rares et les plus précoces. Sa piété, dès le jeune âge, parut un prodige. Qu'avait-il vu cet enfant extraordinaire, et quel maître l'avait enseigné, pour qu'en cet âge si faible, si ignorant et si léger, où l'âme ne vit guère d'ordinaire que dans les sens, il pût, lui, vivre déjà de la plus haute vie de l'esprit? Le voyez-vous dans sa pauvre chambre, à genoux, immobile, joignant dévotement ses petites mains, et priant dans un profond recueillement au pied du crucifix, ou devant une image de la sainte Vierge? Que lui disiez-vous, ô mon Dieu, dans le secret de ces intimes communications? C'est le mystère de votre grâce ! Tout ce que les hommes en ont pu connaître, ce sont les effets, dans les beaux fruits de toutes les plus excellentes vertus, qui paraissaient déjà dans ce saint enfant : recueillement et modestie; éloignement du monde et de ses dangereux plaisirs, dont l'enfance et la jeunesse sont si avides; respect et filiale obéissance envers ses parents, dans lesquels il voyait l'image de Dieu; douceur, patience et charité; une pureté angélique; l'humilité enfin, et ce profond attrait pour la vie cachée, qui devait être un des plus saillants caractères de toute sa vie : joignez à cela l'amour de l'étude, avec une constante application à tous ses devoirs, dont il ne sait se délasser un peu que par la prière, et par l'innocent plaisir de construire de petits autels et d'imiter les saintes cérémonies de l'Église. En voyant un si pieux écolier, qui ne ressemblait à aucun autre, les hommes entendus aux voies de Dieu pouvaient déjà, dans ces premiers commencements, entrevoir les suites, et ils s'écriaient, pleins d'admiration : « Que pensez-vous que sera cet enfant? » *Quis, putas, puer iste erit?* « car la main du Seigneur était avec lui, » *etenim manus Domini erat cum illo* (1).

Jusqu'ici je ne lui vois point d'autre maître que le Saint-Esprit; mais Celui qui instruit son âme au dedans va se donner, bientôt, des coopérateurs au dehors pour ce bel ouvrage de sa grâce. Paraissez, sainte Compagnie, pères et modèles du clergé marseillais, à l'approche des jours mauvais, humbles prêtres du Sacré-Cœur, que je ne

---

(1) Luc, I, 66.

puis ici nommer sans que mes entrailles s'émeuvent, tant j'ai appris, dès mon enfance, à vous vénérer et à vous aimer, et tant je souffre en vous voyant disparus, et en attendant toujours de vous voir renaître! C'est vous qui allez être les maîtres de M. Allemand ; comme il a été lui-même prédestiné pour être l'héritier de votre esprit, de vos traditions, et de votre zèle pour la jeunesse.

Ce fut, Messieurs, en 1785, vers la fin de sa treizième année, que le jeune Allemand prit place parmi les disciples de ces vénérables prêtres. Quelques mois après, le 1er janvier 1786, il signait au bas d'une petite image l'acte simple et touchant de sa consécration à Jésus enfant : « Moi, Jean-Joseph Allemand, je me dédie et me consacre pour toujours au très-saint Enfant Jésus. » Dès ce moment l'amour de la pieuse congrégation, dont il a reçu la grâce d'être membre, sera l'unique passion de son cœur. Que j'aime à le voir chaque soir, ce dévot enfant, gravir d'un pas rapide, en silence et les yeux modestement baissés, le chemin qui conduit au Bon-Pasteur! En y arrivant, il va tout d'abord où vous l'attiriez, « bon Maître! » ainsi qu'il aimait à vous appeler, dans la pieuse chapelle dédiée à votre Cœur : là, caché derrière l'autel, comme si, pour mieux goûter Dieu, il eût senti le besoin de se soustraire entièrement aux regards des hommes, il épanche son âme en votre présence, mais dans un si profond recueillement et avec une ferveur si ardente, qu'on eût dit non pas un enfant, mais un ange! Il ne sort d'auprès de vous que pour aller répandre le feu dont il brûle. S'il prend part aux jeux innocents de la jeunesse, c'est par charité pour les autres, bien plus que pour se récréer lui-même. Son plus doux plaisir est de parler des choses de Dieu ; et, dès cet âge, « il possédait déjà, » racontaient ses contemporains, « un don merveilleux de communiquer la grâce par ses paroles. » Que dirai-je de son humble docilité à recevoir les enseignements de ses maîtres ; de sa parfaite obéissance envers le guide de sa conscience ; de son exactitude à présenter tous les huit jours au saint tribunal son âme innocente ; de la fréquence et de la ferveur de ses communions ; de sa fidélité, dès que cela lui fut permis, à profiter chaque année des exercices de cette austère retraite de *Sainte-Marguerite*, célèbre par la rigueur de son silence, par la sévérité de sa discipline, et plus encore par l'abondance des fruits qu'elle produisait? Le jeune Allemand se trouvait heureux, de plus en plus, dans une si sainte congrégation : il s'y sentait lié par le plus profond des attraits : c'est là que le Seigneur avait mis, pour lui, la source principale de sa grâce, le foyer de l'esprit qui devait animer sa vie, et, sans qu'il pût encore le soupçonner, le berceau de ses futures destinées. Pourquoi faut-il qu'un bonheur si pur ait duré si peu, et que le cours de la plus sainte éducation se soit trouvé tout à coup violemment brisé pour ce pieux enfant!

C'est qu'on était alors en 1790. La Révolution, qui devait amonceler tant de ruines, avait commencé, depuis plus d'un an ; et, à voir l'effrayante direction dans laquelle elle se précipitait, tout faisait déjà pressentir aux moins clairvoyants les approches d'un orage politique et religieux épouvantable, qui ne tarderait pas à tout briser, tout, excepté l'indomptable courage du clergé français et des héroïques chrétiens qui s'étaient formés à son école. Entendez-vous déjà les coups de tonnerre? Spoliation des biens de l'Église, suppression des ordres religieux, constitution civile du clergé; puis, ce fameux décret du 25 octobre 1790, qui devait donner à la France tant de confesseurs de la foi et tant de martyrs. Vous serez du nombre, humbles et magnanimes prêtres du Sacré-Cœur! Ils refusent tous de prêter le serment schismatique; c'était signer l'arrêt de mort de leur communauté et de leurs œuvres : la suppression en est prononcée, et, en attendant qu'on les bannisse du sol français, M. Allemand aura la douleur de voir ses maîtres chassés de leur maison du Bon-Pasteur, dont on mure la porte pendant la nuit.

Ainsi finit glorieusement cette modeste et si pieuse société des prêtres du Sacré-Cœur de Jésus. Elle avait vécu l'espace à peine d'une vie d'homme : mais, comme ces jeunes mères qui, descendant à la fleur de leur âge dans le tombeau, laissent après elles une belle et nombreuse postérité, il lui avait été donné, dans une si courte existence, d'enfanter à l'Église de Marseille, avec ses plus saints prêtres, une innombrable multitude de fervents chrétiens, chefs de famille modèles, et souches bénies de races patriarcales; et, en disparaissant du sol marseillais, par l'injustice des hommes, elle y laissait une semence de grâce et une sève de vie chrétienne qui se font encore aujourd'hui puissamment sentir. Quand une communauté sacerdotale, après de telles œuvres et de tels mérites, a la gloire de périr ainsi sur le champ de bataille de la justice et de la foi, ah! elle ne meurt pas tout entière, ni pour toujours, et elle est digne de renaître. Les prêtres du Sacré-Cœur se sont survécu dans M. Allemand; et, le dirai-je, Monseigneur? mais, pourquoi taire ce pressentiment?... rien ne m'ôtera l'espérance qu'un jour viendra où quelques pieux ecclésiastiques, enfants peut-être de M. Allemand ou de sa lignée, s'assembleront sous l'inspiration du Saint-Esprit, et par l'attrait du Cœur adorable de Jésus, pour ressusciter dans Marseille les prêtres du Sacré-Cœur, et rendre à l'Église de Saint-Lazare cette admirable communauté qui fut pendant soixante-deux ans une de ses plus grandes forces sacerdotales, comme une de ses plus pures gloires!

Ce fut, Messieurs, au milieu de cette tempête, et à la veille de tempêtes plus formidables encore, quand déjà les prêtres fidèles manquaient de pain, et que, devant eux, les cachots et toutes les routes de l'exil allaient s'ouvrir, et tant d'échafauds se dresser, ce fut alors que l'intrépide cœur de M. Allemand se fixa dans la résolution de consacrer sa vie au sacerdoce. C'était se vouer à la misère, aux persécutions, peut-être à la mort; mais, loin de l'abattre ou de l'étonner, ces effrayantes perspectives n'étaient pour son courage qu'un attrait de plus. A la première annonce d'un pareil dessein, son père, que les idées révolutionnaires ont égaré, devenu furieux, le frappe violemment, l'enferme dans une chambre, le tient pendant plusieurs jours au pain et à l'eau: « Il ne sera pas dit, » s'écriait-t-il, « que j'aurai donné le jour à un abbé! » Mais rien n'y fait: le jeune Allemand quittera le toit paternel, plutôt que de renoncer à l'appel de Dieu; il épousera la pauvreté de Jésus-Christ, comme saint François; il mangera pendant douze années le pain de l'aumône; il manquera de tout, s'il le faut, et souffrira tout; il deviendra comme étranger parmi ses frères, délaissé, méprisé de tous les siens; mais, Dieu le veut: il sera prêtre! Il demande avec instance la sainte soutane, vêtement interdit, et qu'il ne sera permis de pouvoir porter en public que longtemps après: il la reçoit en cachette, dans le secret d'une maison, dans une chambre soigneusement fermée, comme pour une assemblée de conspirateurs. Puis, il regarde tristement autour de lui:

hélas! plus de séminaires! plus d'évêque dans Marseille! Comment se fera, en un tel temps, son éducation ecclésiastique, et comment lui sera conféré le sacerdoce? Messieurs, je vais vous l'apprendre.

On était à la veille de cette effroyable époque de la Terreur, qui devait inscrire dans l'histoire de notre pays, et dans celle de Marseille en particulier, de si sanglantes pages. Presque tous les prêtres demeurés fidèles avaient été contraints de s'expatrier : seuls, deux ou trois, dans notre populeuse cité, exerçaient secrètement et au péril de leur vie le saint ministère. Vous étiez à leur tête, pieux et intrépide abbé Reymonet, dont je suis heureux de saluer ici avec une reconnaissante admiration la sainte mémoire! Violemment déporté sur la terre italienne, votre cœur d'apôtre avait trouvé l'exil trop doux : il vous fallait l'échafaud, si l'apostolat ne pouvait s'exercer qu'à ce prix! Béni par Pie VI, vous aviez vogué vers la côte de Provence, sous un déguisement de matelot, dans une barque nolisée tout exprès pour vous. A peine déposé clandestinement sur je ne sais quel point de la plage, vous étiez entré, la nuit, dans Marseille; et, dès le lendemain, vous faisiez distribuer un manifeste, tout brûlant des ardeurs de votre zèle, pour apprendre aux fidèles Marseillais votre présence au milieu d'eux, et leur déclarer que vous veniez exposer votre vie pour sauver leurs âmes.

A cette nouvelle, notre jeune aspirant au sacerdoce, ravi de joie, vole vers le généreux missionnaire, qu'il a connu naguère au Bon-Pasteur. « Vous serez mon maî- « tre, » lui dit-il, « et la maison où vous serez caché, « mon séminaire!.... » — « Mais, cher ami, c'est la « prison, c'est la guillotine que vous cherchez, en asso- « ciant votre sort au mien! » — « N'importe, c'est ce

« qui me plaît, pourvu que j'aie le bonheur de servir Dieu
« et l'Eglise, à côté de vous ! » Sa demande est accueillie
avec joie : le voilà devenu catéchiste, secrétaire, commissionnaire, quêteur, domestique, de l'abbé Reymonet. Déguisé tantôt en ramoneur, tantôt en « jeune freluquet, »
comme il disait, il ira, par la ville et dans la campagne,
mendier le pain de l'apôtre, porter ses messages, convoquer les fidèles aux assemblées, quelquefois les présider lui-même et y faire des lectures et des entretiens.
Il préparera ces émouvantes réunions de catholiques tenues dans les entrailles de la terre et dans les cavernes des
montagnes. Le temps que lui laisseront ces travaux de zèle,
il l'emploiera à chercher Dieu dans l'oraison, et la science
dans les livres. L'abbé Reymonet dérobera quelques instants à ses immenses travaux, pour diriger les études de
son saint élève ; mais il l'instruira plus par ses exemples
que par des leçons, et c'est le Saint-Esprit qui sera son
maître. Ils vivront dans de continuels périls. Quand les
agents de la police, le sabre à la main, viendront fouiller
la maison qui les abrite, ils descendront par des trappes
dans des trous obscurs, et y resteront blottis des heures
entières ; et, quelquefois, pour s'aguerrir contre l'image
de la mort, ils iront, dans les ombres de la nuit, embrasser l'échafaud, où demain peut-être tomberont leurs têtes.
Ainsi se fera, pendant cinq années, au milieu des plus
rudes labeurs, parmi les profondes émotions d'une vie
toujours exposée, dans cet enthousiasme de l'esprit de
martyre, mêlé aux continuelles ardeurs d'un zèle héroïque,
l'éducation cléricale de M. Allemand, jusqu'au jour où,
dans la solitude d'une campagne, à minuit, sous un profond secret, entre le sang encore fumant du vénérable
père Donnadieu, fusillé hier, et celui des abbés Garagnon,

Romégas et Gassin, qui coulera demain, il lui sera donné de courber son front sous la main d'un évêque fugitif, pour recevoir, plus avidement que tous les trésors de la terre, un sacerdoce proscrit.

Et que se passait-il, Messieurs, dans ce grand et humble cœur, en ce moment si terriblement solennel? Écoutez; quelques paroles, extraites de son cahier de retraite, vont vous le dire :

« Je livre mon sort temporel et éternel entre les mains de Dieu, me confiant entièrement à sa divine providence pour tous les événements de la vie. A l'exemple de l'Apôtre, rien ne sera capable de me faire perdre l'amour que je lui dois. Je ne craindrai ni la faim, ni la soif, ni les persécutions, ni les cachots, ni la mort! Oui, cette mort, qui fait trembler tant de personnes, ne m'épouvantera pas, et d'avance je fais à Dieu le sacrifice de ma vie, acceptant de très-bon cœur le genre de mort qu'il voudra m'envoyer. Oh! combien je m'estimerais heureux de mourir pour son amour, en soutenant les intérêts de cette religion sainte qu'il est venu lui-même établir sur la terre ! »

Ce fut donc ainsi préparé, et ainsi trempé, avec ce ferme regard sur les périls du présent et de l'avenir, que le jeune Allemand s'élança dans l'armée sacerdotale, comme un soldat qui vient prendre la place de ses frères d'armes tombés sous le feu. Vous le montrerai-je, parmi les fervents et périlleux débuts de son ministère, célébrant les saints mystères dans les maisons, présidant des réunions de fidèles, y faisant avec un zèle incomparable des instructions et des catéchismes, vivant toujours cependant du pain de l'aumône, sans cesse changeant de demeure, obligé parfois de se dérober subitement et d'escalader les murs des jardins pour échapper aux poursuites de la police ? Mais non : je suis obligé de sacrifier même de si émouvants récits, et de me hâter, pour arriver à quelque chose de plus doux, mais de non moins laborieux pour vous, ô saint prêtre, et de plus intéressant encore pour cet auditoire : à ce qui devait être la grande vocation de votre vie, et le salut de tant d'âmes, la fondation et la direction de l'OEuvre de la Jeunesse de Marseille.

II

Les temps étaient devenus moins mauvais : la révolution se trouvait usée par ses excès mêmes : une main de fer, accoutumée à conduire les batailles, allait saisir fortement les rênes de l'État, tombées dans la boue et dans le sang ; et déjà commençait à poindre à l'horizon l'aurore de l'ordre et d'une certaine liberté religieuse en France. M. Allemand réfléchissait devant Dieu sur l'emploi ultérieur de sa vie. Un attrait profond et les souvenirs toujours vivants de l'ancienne congrégation du Bon-Pasteur le portaient, comme irrésistiblement, à tourner ses regards vers la jeunesse ; du côté de cet âge tendre, si particulièrement aimé du Sauveur, et si précieux, parce qu'il est l'entrée de la vie : et, l'heure étant enfin arrivée de porter remède aux maux de la France, dans ce vaste travail de restauration religieuse qui allait s'ouvrir, le saint prêtre se sentait fortement poussé à prendre pour sa part la fondation d'une OEuvre destinée à la sanctification des jeunes gens.

Une seule chose l'arrêtait : le vif sentiment — cette innocente erreur des saints — de sa prétendue incapacité. Mais c'est le propre de la haute sainteté d'être magnanime, autant qu'elle est humble : M. Allemand pria, consulta, et, voyant l'attrait intérieur qui le pressait, confirmé par la décision de ses supérieurs, il mit sa confiance dans le Seigneur, et se décida.

En homme prudent et modeste, il résolut de commencer petitement, et d'employer d'abord tout l'effort de son zèle à bien former, et à pénétrer d'un profond esprit chrétien, le premier noyau de son œuvre : c'est le procédé des saints, bien opposé à la vaine et orgueilleuse manière de la prudence humaine, qui cherche avant tout le bruit et l'éclat, et croit ne rien faire tant que rien ne brille. Pour la fondation, quatre pieux jeunes gens lui suffiront ; et, pour tout local, il n'aura qu'une modeste chambre d'emprunt, que la charité lui a prêtée. C'est là, Messieurs, que, le troisième dimanche de mai 1799, prendra naissance, sous l'œil de Dieu et sans être aperçue des hommes, notre belle Œuvre de la Jeunesse de Marseille. Deux années se passeront, et M. Allemand ne comptera encore que vingt disciples, tant il a à cœur d'aller lentement ! Mais bientôt ils seront cinquante, puis cent; et, après ces prudentes lenteurs des premiers débuts, chaque jour amènera au pieux fondateur de nouveaux enfants.

Ce fut vers ce temps que l'Œuvre naissante reçut pour la première fois la grâce et l'honneur de la visite et de la bénédiction du premier pasteur, le vénérable Mgr de Cicé, de douce mémoire. Ce prélat désira connaître par lui-même une institution dont on lui avait dit tant de bien. Il fut touché profondément et rempli de joie, en contemplant dans le lieu saint la religieuse tenue de ces jeunes gens, si recueillis et si pieux ; mais ce qui le ravit surtout, ce fut l'admirable et humble prêtre qui les dirigeait, et qui avait su si bien les former. Il reconnut du premier coup d'œil, dans M. Allemand, un saint et un profond éducateur de la jeunesse. Il le combla de louanges, qui confondirent son humilité; et, par les plus bienveillantes paroles, il l'encouragea à redoubler de zèle pour une Œuvre dont les commencements étaient si heureux, et qui promettait le plus fécond avenir.

Mais qu'était donc cette Œuvre? et qu'y faisait-on? Ce qu'on y fait encore aujourd'hui : on jouait, on priait; on se confessait, on communiait; et, par de solides instructions et de saints exemples, on apprenait, dès le jeune âge, la plus haute et la plus solide de toutes les sciences, à connaître, aimer et servir Dieu, et, par ce moyen, acquérir la vie éternelle, après avoir joui en celle-ci du bonheur vrai, que la seule vertu peut donner.

Qu'elle était belle cette Jeunesse, toute brillante de chasteté, portant le sceau de la sagesse sur le front, modeste et aimable, pudique et gaie, âpre à l'étude et au travail, achetant par la laborieuse tâche de la journée, vaillamment remplie, le doux charme des innocentes récréations et des pieux exercices du soir; jouant avec l'entrain du jeune âge, priant avec la ferveur des esprits célestes; se préservant des grandes fautes par la fidélité à se confesser des petites; angélique, à force de manger le pain des anges; heureuse par la paix de la conscience et la douceur des amitiés saintes, et goûtant toujours avec une égale vivacité les plaisirs purs, parce qu'elle n'en prend jamais de ceux qui attristent, qui déshonorent et qui blasent!

Et, au milieu de cette vive et pieuse jeunesse, M. Allemand était heureux, lui aussi! jouissant, avec une humble joie, de la prospérité de son œuvre; bénissant Dieu d'un si merveilleux succès, mais lui en rapportant fidèlement toute la gloire; tremblant non seulement d'être loué, mais d'être connu ; n'aspirant qu'à s'ensevelir et à se cacher dans ce modeste, mais fécond labeur ; comme les ouvriers qui tirent des entrailles de la terre les riches métaux : travaillant sans cesse sur les âmes des jeunes gens, pour y faire germer et y cultiver les vertus ; occupé tous les jours, et les jours entiers, à les diriger et les instruire ; ne vivant absolument que pour eux, dévoué à leurs âmes jusqu'au sacrifice de tout lui-même ; mais récompensé par un retour d'amour et de confiance sans bornes, et exerçant sur ces volontés impétueuses et légères, par le seul empire de sa sainteté, un ascendant qui ne se peut concevoir, si on ne l'a vu.

Je ne vous ferai pas ici, Messieurs, l'histoire de notre OEuvre et de ses progrès, dans les différentes demeures qui, successivement, l'abritèrent. J'ai hâte d'arriver à cette bienheureuse époque où j'eus l'inestimable grâce, moi-même, d'être admis au nombre des jeunes disciples de M. Allemand. Combien je me sentirai à l'aise ici ! j'y serai dans tous les meilleurs et plus doux souvenirs de ma vie ; je croirai voir et entendre encore cet homme de Dieu, et tout ce que je vous dirai de lui, j'en fus le témoin !

L'OEuvre de la Jeunesse, plus nombreuse et plus fervente que jamais, venait d'être installée dans un nouveau et plus grand local. En y arrivant et en voyant là ces belles salles, cette vaste cour, les jeunes gens ne se contenaient pas de joie ; plusieurs, dans l'expansion de leur allégresse, allèrent même jusqu'à se jeter à genoux et à embrasser avec amour cette terre bénie ! Que d'hommes, déjà vieux, laïques et prêtres, pourraient faire aujourd'hui, Messieurs, et dans un sentiment plus profond, ce que faisaient alors ces naïfs enfants, et coller, eux aussi, leurs lèvres, avec une ardente reconnaissance, sur ce sol où reposa le berceau de leur piété, et sur ces murs qui furent pour leur âme un si sûr abri pendant les périlleuses années de la jeunesse ! Quant à M. Allemand, sa joie, à lui, était plus paisible : la longue habitude de la mortification avait établi sa sainte âme dans cette tranquille et sereine égalité que les passions de joie ou de tristesse n'altèrent plus ; il était heureux toutefois, au fond de son cœur, et bénissait Dieu, en contemplant, avec un pressentiment certain, les grandes bénédictions que sa bonté allait verser sur l'Œuvre, dans cette nouvelle demeure, et la longue suite de jeunes générations qui, pendant des siècles, viendraient tour à tour s'y sanctifier.

C'est là, saint prêtre, que la Providence a marqué le lieu de vos derniers et de vos plus féconds travaux ; là que, pendant quinze années encore, vous vivrez uniquement pour vos seuls jeunes gens ; là que vous communiquerez votre esprit et enseignerez vos méthodes à ceux qui doivent en être les héritiers ; là enfin que vous mourrez entre leurs bras, et que reposeront vos cendres vénérées, qu'on va tout à l'heure y porter.

Qu'elles furent laborieuses, Messieurs, ces quinze dernières années de la vie de M. Allemand ! Gouverner une Œuvre qui ne comptera plus, désormais, moins de quatre cents jeunes gens ; — les quatre premiers grains, vous le voyez, avaient centuplé ! — en même temps que l'Œuvre, diriger, dans son sein, mais avec quels soins ! ces pieuses associations, foyers de la ferveur et du zèle ; chaque jour, recevoir une nombreuse jeunesse, et lui procurer d'innocents plaisirs ; présider, tous les soirs, l'exercice de piété et y parler ; les dimanches et les fêtes, célébrer les saints offices et prêcher ; donner les sermons des retraites, deux fois l'année ; catéchiser les enfants et préparer les premières communions : M. Allemand presque toujours seul, pour ce grand travail, sauf quelques années, où la Providence voulut lui donner un aide, dans ce digne prêtre, son disciple, que je nomme ici avec un respectueux et reconnaissant souvenir, M. l'abbé Guien.

Mais tout ce que je viens de dire n'est rien encore : voici, Messieurs, l'écrasant labeur de M. Allemand. Toute l'année, tous les jours, sans trêve ni relâche, vous l'eussiez vu, captif, reclus, dans la maison de son OEuvre ; que dis-je? dans une étroite cellule, pour y attendre, depuis l'aurore jusqu'à la nuit, les jeunes gens. C'était sa maxime, et ce fut la règle de sa vie : « Un père de jeunesse, » disait-il dans son simple et énergique langage, « doit être comme « un chien à l'attache ; il faut qu'il soit là, sans cesse, d'ar-« rache-pied, pour attendre les jeunes gens ! » C'est donc là, ô vénéré père, c'est dans cette petite cellule, témoin de tant de merveilles de grâce, que vous entendiez chaque année plus de dix mille confessions de jeunes gens; là qu'à toutes les heures du jour, vous donniez audience à vos chers disciples, qui venaient avec une si libre confiance vous ouvrir leur âme, vous dire leurs peines, vous proposer leurs difficultés et leurs doutes, et recevoir comme des oracles du ciel les conseils de votre sagesse ; là que, non content de cette direction, faite oralement, avec un continuel épuisement de votre poitrine, vous écriviez encore pour ces jeunes gens, et par milliers, des avis, des règlements de vie, des sujets de méditation, des points d'examen, des desseins de retraites et de neuvaines, et que, dans les courts repos que vous laissait la succession, presque ininterrompue, de leurs visites, vous priiez, vous gémissiez, vous pleuriez pour eux, au pied de la croix, toujours pensant à eux, toujours occupé à rechercher devant le Seigneur et à repasser dans votre esprit ce que vous deviez faire pour chacun d'eux, ce que vous deviez dire à chacun d'eux, et comment il fallait conduire toutes ces précieuses âmes, pour les élever chacune au degré de vertu et de perfection que Dieu demandait d'elles. Quel travail, Messieurs, quel travail, quand c'est tous les jours ! Aussi le saint homme, accablé souvent et à bout de forces, disait : « Ce qui me fatigue le plus, ce n'est « pas la direction générale de l'OEuvre; c'est cette sol- « licitude particulière et de tous les instants à l'égard « de tant de jeunes gens ! » Voilà ce que vous appeliez, bon père, « mourir à petit feu, » — précieuse mort à laquelle un si grand nombre d'âmes ont dû la vie ! — et ce qui vous faisait dire encore, avec une humble consolation, peu d'instants avant de rendre votre âme à Dieu : « Je me « suis tué pour faire aimer Jésus-Christ des jeunes gens. »

Vous venez, Messieurs, de voir le travail; voyez les fruits, voyez la moisson ! Je ne parle pas de tant de saints prêtres, que la culture, si soignée et si parfaite, de ce grand directeur des âmes a donnés à notre Église de Marseille: cette vocation, c'est l'exception, c'est la destinée seulement d'un petit nombre, et M. Allemand disait : « Dieu seul y appelle : nous ne faisons que seconder « les desseins de Dieu. » Mais que de milliers de grands chrétiens, de pères de familles admirables, dans tous les rangs de la société marseillaise; durent à M. Allemand et à son OEuvre cette profonde religion, cette sévère pureté de mœurs, ces fortes et solides vertus chrétiennes, qui ont fait, avec la sainteté de leur vie, l'honneur de leurs personnes et de leur race, et dont l'héritage, plus précieux que celui de l'or, subsiste chez leurs enfants et petits-enfants ! Saint prêtre ! il vous a été donné de voir quelque chose des biens immenses que Dieu, en récompense de votre héroïque dévoûment, voulait accomplir par votre moyen; mais cela, tout grand qu'il est, n'en fut encore qu'une partie, et la moindre. Ce que vous continuez de faire, après votre mort, par les fécondes suites de votre passage ici-bas, surpasse infiniment tout ce que vous avez fait pendant votre vie! Le germe ne sait pas tout ce qui doit sortir de lui. Dieu, pour ménager votre humilité, vous cacha la grandeur et l'étendue de son dessein total sur vous. Vous aviez pensé ne fonder qu'une OEuvre; mais combien vous en prépariez! Vous aviez cru ne travailler que pour Marseille, dont jamais vos pas ne franchirent l'horizon; vous travailliez, à votre insu, pour l'Église entière! Ce n'est qu'en tombant en terre et en paraissant y mourir, que le grain de froment porte du fruit en abondance. Vous avez été, ô vénéré père de tant d'enfants, ce mystique grain de froment, caché trente-sept ans dans le sillon obscur d'un champ modeste, et y mourant lentement par une effrayante abnégation; et, quand cette profonde mort intérieure, que j'appellerais volontiers une mort vitale, se trouva consommée par la mort du corps, c'est alors que l'heure pour vous arriva de porter vos plus abondants et vos plus beaux fruits! Après cette OEuvre, laissée par vous, que d'œuvres semblables déjà, filles de votre idée et de votre exemple, se sont formées, en diverses parties du champ de l'Église, où, comme à Marseille, une heureuse jeunesse, abritée contre les dangers des plaisirs corrupteurs, est sanctifiée par la parole de Dieu, par les sacrements et par la prière! A partir du jour où la mort vainquit enfin votre humilité, commence le resplendissement de votre gloire. Celui qui élève les humbles s'est plu, en déchirant le voile qui vous couvrait, à vous susciter de nombreux imitateurs de votre zèle. Puisse le nombre en augmenter encore! Et puissent-ils, partout, accepter la perfection de votre esprit, et vos sages réglements! Un jour viendra, ô père! car Dieu le prépare, où s'accomplira sur vous la bénédiction d'Abraham : « Je multiplierai ta race comme les étoiles du ciel : » *Multiplicabo semen tuum sicut stellas cœli;* et nul ne pourra compter les multitudes de jeunes chrétiens qui salueront, dans le nom vénéré de M. Allemand, le nom de leur père!

Et le principe, maintenant, de tout ce bien, et de ces étonnants succès, où le mettrons-nous? Dans les talents de M. Allemand? Ils ne furent que médiocres. Dans ses autres qualités naturelles? Si j'excepte le bon sens, qui fut exquis chez lui, et la rectitude du plus parfait jugement, ses qualités naturelles n'étaient qu'ordinaires, et quelques-unes semblent avoir été des obstacles plus que des secours. Ce qui a tout fait, Messieurs, et qui explique tout, c'est la prodigieuse sainteté de cet homme de Dieu! Permettez cette forte expression, Monseigneur. Il n'appartient qu'à l'Église, je le sais, de décerner le titre et les honneurs canoniques de la sainteté; mais si les particuliers, ici, ne sont pas juges, il leur est permis d'être témoins. Je dis ce que j'ai vu, ce que je pense, en le soumettant au jugement de l'Église. J'ai eu la grâce de connaître beaucoup M. Allemand : j'ai rencontré depuis bien des pieux personnages, éminents en vertus : je n'en ai trouvé qu'un dont la sainteté m'ait autant saisi : c'est vous, ô vénérable curé d'Ars! Quels hommes, Messieurs! quels prêtres! Vous me demandez ce que j'ai vu dans M. Allemand? Un homme si différent des autres hommes, qu'il semblait n'être plus de ce monde, et tenir moins de la terre que du ciel ! homme tout surnaturel : d'une perpétuelle oraison ; d'une mortification universelle ; d'une droiture, d'une pureté d'intention incomparables ; séraphin de ferveur, ange de chasteté, victime de charité ; toujours marchant en la sainte présence du Seigneur ; détaché de tout et de lui-même ; ne vivant que pour Dieu et les âmes, auxquelles il sacrifie tout, et pour lesquelles il donnerait volontiers jusqu'à son sang. Que dirai-je encore ? redoutant la simple apparence du mal ; évitant les moindres imperfections avec plus de soin que les autres les péchés ; se refusant toutes les satisfactions naturelles, jusqu'aux plus innocentes ; sans cesse attaché à la croix, avec Jésus-Christ ; et tenant fidèlement cet admirable édifice des plus sublimes vertus, avec toutes les saintes œuvres dont sa vie était pleine, sous la protection de la plus profonde humilité, poussée jusqu'au mépris de soi-même, et à la sainte passion de la vie cachée.

Voulez-vous voir, Messieurs, voulez-vous voir quelques rayons, quelques éclairs de cette sainte âme ?

« Puisque l'humilité » — ce sont ses admirables résolutions que je vous récite — « puisque l'humilité est le fondement de la perfection, j'aimerai, d'après le conseil de l'Imitation, à être « inconnu et compté pour rien. » Je n'agirai jamais dans mes fonctions que pour la plus grande gloire de Dieu. Je serai bien aise de toutes les humiliations qui me surviendront. Je me regarderai, dans mon état, comme le dernier de tous. Je me réjouirai, quand on ne fera pas cas de moi ; et s'il y a quelqu'un qui veuille bien en faire, j'en serai plus que surpris, et ne cesserai de me croire l'instrument le plus vil entre les mains de Dieu. Enfin, il n'est rien que je ne sois décidé à faire pour me rendre semblable à Jésus-Christ humilié et anéanti. »

« Je veux mépriser tout ce qui est terrestre, pour ne plus estimer que les biens célestes. »

« Je ferai tous mes efforts pour vivre sans propre volonté, afin que la seule volonté de Dieu règne toujours en moi. »

« Je veux avoir le plus grand détachement des créatures, pratiquer un renoncement universel, et être de la dernière indifférence pour tout ce qui n'est pas Dieu. »

« Je travaillerai à mener une vie vraiment angélique, puisque l'excellence du sacerdoce m'élève au-dessus des anges. »

« Je veux vivre comme si j'étais déjà dans le ciel. Ah ! qui mènera sur la terre une vie céleste, si ce n'est le prêtre, qui, tous les jours, immole Jésus-Christ sur l'autel ? »

« Je ne désire, et ne désirerai jamais que de plaire à Jésus-Christ seul. »

« Je serais bien heureux d'expirer, plutôt que de donner volontairement entrée dans mon âme à la moindre pensée qui pût offenser Dieu. »

« Les paroles me manquent, ô mon Dieu, pour exprimer toute l'horreur que je ressens à la pensée d'un seul péché, même véniel. Je veux être, toujours, un vrai séraphin, et plus que mort à tout ce qui pourrait vous offenser. »

« O très-doux Jésus, je veux être et demeurer plus qu'un ange ! Oh ! comme je souhaiterais être martyr de la belle vertu de pureté ! Je voudrais trouver des paroles nouvelles, non humaines, mais angéliques, pour exprimer toute la haine que m'inspire le vice contraire »

« Je ferai toujours ce qui pourra le plus contribuer à la gloire de Dieu et à l'édification du prochain, quand même il n'en devrait résulter pour moi que des mépris et des mortifications : mépris et mortifications qui me seront, avec le secours de votre grâce, un sujet de joie. »

« Mon Dieu ! toujours plus de croix intérieures et extérieures, toujours plus de sollicitudes, de soins, de peines pour la sanctification des jeunes gens; et pour récompense toujours plus d'humiliations et de confusions, sans que je désire que cet état humiliant cesse un seul instant. Au contraire, je consens qu'il dure jusqu'à ma mort, si vous le demandez de moi. Je suis dans la ferme résolution de me sacrifier continuellement, et quoi qu'il m'en coûte, pour le salut et la perfection des jeunes gens. »

Voilà, Messieurs, voilà, je le redis, ce qui fut la cause et ce qui donne la clé de tous les succès de M. Allemand. Cette grande sainteté, qui se reflétait, du dedans au dehors, sur le visage et dans toute la personne de cet homme extraordinaire, avec un éclat dont sa simple image donne quelque idée, le rendait vénérable à tous ceux qui l'approchaient. On ne pouvait le voir sans être rempli d'un religieux respect. Toutes les paroles que prononçaient ses lèvres ressemblaient à des voix du ciel, sorties d'un sanctuaire où Dieu réside. Combien n'était-on pas saisi, quand, les yeux fermés, la main sur son cœur, recueilli sans affectation, car c'était son air naturel, comme il l'eût été dans les saints mystères, il vous disait, d'une voix grave, douce, et ferme : « Après l'avoir bien médité « au pied de la croix, je vous déclare, comme si j'allais « mourir, que le bon Dieu demande de vous telle chose. » Comment n'eût-on pas senti une confiance sans bornes en un homme dans lequel on voyait si visiblement le saint; d'une sagesse telle, par la lumière de l'Esprit de Dieu dont il était plein, que jamais on n'a ouï dire qu'aucun de ceux qui suivirent ses conseils se soit trompé; et qui, dans un absolu détachement de toutes choses et de lui-même, ne cherchait, on le voyait, que Dieu et le bien des âmes! M. Allemand obtenait tout des jeunes gens pour Dieu, par le prestige de sa sainteté et de sa charité, et il obtenait tout de Dieu pour les jeunes gens, par l'ascendant que sa profonde humilité lui donnait sur le cœur de Dieu même.

Je ne vous raconterai pas ici, Messieurs, les touchants détails de la dernière maladie de notre cher père et de sa précieuse mort, digne couronnement de sa sainte vie. Vous le verriez, le vendredi saint, au pied de l'autel, s'affaisser sous l'accablement des travaux qui ont usé son corps, plus que des années; tenant encore dans ses mains tremblantes la croix du Sauveur, qu'il venait de faire adorer aux jeunes gens, après la leur avoir prêchée et fait aimer toute sa vie ! Vous l'entendriez, sur le lit de ses dernières douleurs, les enseigner encore, comme dans une chaire ; leur recommandant « de ne plus vivre que pour « Dieu, et de prendre la croix de Jésus-Christ pour leur « partage. » disant au saint évêque, qui lui fait l'honneur de le visiter : « Monseigneur, je suis sur la croix ; il « faut qu'un prêtre soit toujours sur la croix ! » et au vénérable curé, qui lui demandait un mot d'édification pour lui-même : « Il faut que M. le curé continue de mé- « diter sans cesse ces belles paroles de l'Imitation, « qu'il pratique si bien : *Aimez à être inconnu et compté* « *pour rien.* » Puis, parlant à voix basse, et comme cœur à cœur à Notre-Seigneur : « Humiliez-moi, mon « Dieu, humiliez-moi ! » Vous le contempleriez, le jour de sa mort, recevant, avec une humilité de pénitent et une ferveur d'ange, les sacrements des mourants ; demandant pardon, au milieu des larmes et des sanglots de l'assemblée émue de ses disciples, « des mauvais exem- « ples, dit-il, et des scandales qu'il leur a donnés ; » et, après avoir légué à l'un d'entre eux son crucifix, à un autre sa médaille de la sainte Vierge, s'éteignant enfin dans les bras de ses enfants, et rendant doucement sa belle âme à Dieu ! Quant à la gloire qui l'environna dans ses obsèques, il n'est pas besoin, Messieurs, que j'en dise rien, lorsque vous avez ici, aujourd'hui, devant les yeux, le même spectacle.

Telle fut la vie, et telle fut la bienheureuse fin de M. Allemand.

Je suis ému, Monseigneur et Messieurs, jusqu'au fond de l'âme, en pensant que ce que la mort nous a laissé de cet homme de Dieu est là, devant moi, sous ce drap funèbre, et en voyant autour de ces précieux restes, empressée, recueillie, attendrie, la foule innombrable des fils spirituels de ce saint prêtre, et des fils de ses fils, puisqu'il y a tant d'hommes ici, dans cette assemblée, dont M. Allemand engendra les pères et les aïeux à la vie chrétienne. Cette solennelle rencontre, après tant d'années, du père et des enfants, ne se fera pas, j'en ai la confiance, sans de profondes et salutaires impressions d'une part, et sans de puissantes bénédictions de l'autre. « Souvenez-vous, » disait l'Apôtre aux Hébreux, « de « ceux qui furent préposés à vos âmes par le Seigneur, « et qui vous ont fait entendre sa parole; et, voyant « comme ils ont vécu et comme ils sont morts, imitez « leur foi. » Que tel soit pour vous, ô famille et race bénie de M. Allemand, mes frères, puisque je suis aussi son enfant, le fruit de cette cérémonie et de ce discours ! « Souvenez vous !... » Je ne vous demande rien de plus : car il y a de tels souvenirs, si puissants et si pénétrants, qu'ils suffisent à tout conserver, et, au besoin, à tout ressusciter, si l'on veut s'y rendre attentif. Et vous, ô père, voyez et reconnaissez vos enfants, et bénissez-les ! Vous pouvez, quoique mort, leur parler encore. Faites-leur entendre, du fond de ce silence et de ce cercueil, cette voix aimée, dont les accents retentissent encore dans leur mémoire. Parlez-leur — ce sont vos paroles que je leur rappelle — de « la fumée de ce monde; » du « néant « de tout ce qui n'est pas Dieu; » du « malheur de ceux « qui se lassent dans les voies de l'iniquité, et oublient « leur éternité; » du « bonheur des âmes ferventes, « même en cette vie, mais surtout à l'heure de la mort, « quand le prêtre, dans les prières de l'agonie, leur dira : « Que le doux et joyeux visage de Jésus-Christ vous

« apparaisse ! *Mitis atque festivus Jesu Christi aspectus*
« *tibi appareat !* » Et, s'il y en avait un seul, parmi
eux, qui eût eu le malheur d'oublier vos sages conseils
et de s'égarer, oh ! montrez-lui, montrez-lui, à cet enfant
prodigue et malheureux, mais toujours votre enfant, ce
bain sacré de la pénitence, où il peut si facilement, et en
un moment, retrouver la paix de son cœur, l'honneur de
sa vie et la pureté de sa conscience.

Mais il est temps de mettre fin à ce discours.

Allez, saint prêtre, allez maintenant, porté sur les bras
de vos enfants, allez, à travers la cité émue, reprendre
possession de cette Œuvre que vos travaux, et encore
plus vos prières et vos larmes, ont créée ! Votre place
est là : je n'en vois pas d'autre, sur toute la terre, plus
digne de vous. Vos os vénérables, ô père ! tressailliront,
en rentrant dans ce sacré sanctuaire, où vous donnâtes
tant de vrais serviteurs à Jésus-Christ. Vous y serez reçu
au milieu de la nombreuse et belle assemblée de vos
nouveaux enfants, et de quelques-uns, encore, de vos
anciens et plus chers disciples, héritiers des pensées et
du zèle de leur père, tout dévoués à cette Œuvre de
votre cœur, ne respirant, ne vivant que pour elle, et
heureux de faire connaître à d'autres les traditions de
votre esprit, et de votre amour pour la jeunesse. Ils
seront les dignes gardiens du dépôt de votre dépouille
mortelle, que la Providence et leur évêque leur confient ;
ils le transmettront, ce précieux dépôt, à ceux qui viendront après eux ; et si, dans un dessein d'en haut, qu'il
est permis de pressentir, l'Église avait besoin, jamais, de
rechercher vos vénérés restes, elle les retrouverait là,
fidèlement et religieusement gardés.

www.ingramcontent.com/pod-product-compliance
Lightning Source LLC
Chambersburg PA
CBHW061010050426
42453CB00009B/1362